Je suis la Ville qui hurle dans le noir...

Du même auteur:

- « Vieillesse mon servage, vieillesse mon honneur». Poème épique. PALM 1983.

- « Et plus vif est le trait, plus se creuse le vide »
Poèmes de Lotus Engel, Photos Daniel Boukezzoula
L'Échiquier d'Art / Palm 1983

- « Foule dans ma fureur, foule dans ma candeur» Poème épique de Lotus Engel.
Illustration calligraphique de Claude Médiavilla.
PALM 1984.

- « The Hindu Diaspora in the French West Indies" India International Quaterly.
Lecture Monsoon 1992

- « Il n'est jamais trop tard… »
Poèmes de Lotus Engel.
Publibook 2002

- « Petite Vie »
Roman
Éditions Édilivre 2014

- « Cachou, Sésame et Pissenlit »
Conte
Éditions Édilivre 2019

- « L'Arc-en-ciel »
Chansons et comptines
Éditions Édilivre 2021

- « Je suis ce F… très Majuscule
Éditions Édilivre 2022

Lotus ENGEL

Illustration calligraphique de Claude Dieterich

Je suis la Ville qui hurle dans le noir...

Poèmes et chansons

© 2022 Lotus ENGEL

Édition : BoD – Books on Demand, info@bod.fr
Impression : BoD – Books on Demand,
In de Tarpen 42, Norderstedt (Allemagne)
Impression à la demande

Illustration : Claude Dieterich

ISBN : 978-2-3224-5542-3
Dépôt légal : Décembre 2022

I

Je suis la Ville qui hurle dans le noir
La ville offerte de toutes parts
Ouverte à tous les vents, livrée à tout hasard
Ils ont de tous côtés saccagé mes remparts
Je suis la Ville au Désespoir

Dans les temps nobles et purs l'on me nommait Cité
Le Prince et l'Artisan venaient d'un même cœur
Fréquenter l'Agora où discourait le Sage
On conspirait ensemble à faire ma splendeur
Et j'étais pour chacun un Havre et une Halte

L'honneur et la fierté d'être mes citoyens
Faisaient longtemps rêver les gens venus d'ailleurs
Et l'on me couvrait d'or et me ritualisait
L'on me portait secours à la plus simple alerte
Je parle d'un autre temps...Alors, j'étais Sacrée

Aujourd'hui l'on me livre sans crainte et sans pudeur
Au voleur, au brigand, au bouffon et au sot
Chacun vient me flétrir de sa tare imbécile
Chacun vient me meurtrir jusque dans mon cœur même
Et je sers de repaire aux pires des bassesses

D'horribles champignons bourgeonnent sinistrement
Pour faire ombre aux dentelles de mes pierres d'antan
Ils bombardent mes murs de graffiti sauvages

Affligeant mes saisons de leurs fêtes futiles
Et font de moi le cirque d'un hideux carnaval

Et je fais peur à ceux pour qui j'étais conçue
Car grotesque je suis ainsi défigurée
Rendez-moi mes remparts, mes sages et mes poètes
Mes Artisans de rêve et leurs précieux Outils
S'il reste encore un Prince...Que l'on me livre à Lui

***

II

Paris mon cœur est en pension
À l'autre bout d'une saison
Paris mon cœur a ses raisons
De douter de tes horizons

Paris mon cœur a ses chansons
Que je balade sous tes ponts
Qui riment à tort ou à raison
Cherchant partout le mot Passion

Paris chardon Paris prison
Que fais-tu donc de mes chansons
Que je trimbale à l'horizon
D'une saison cherchant ton nom

Paris prison Paris bourdon
Sous tes couveuses de béton
Redonne droit à nos chansons
Rends nous enfin le mot Passion

***

III

Des oiseaux de sang
Engluent méchamment
Un ciel sans nuages

Il pleut dans mon âme
Un parfum en noir
Annonçant l'orage

Un volcan s'étire
S'épuise et soupire
Se meurt en étoile

Un refrain cassé
Grelotte et se tait
Dans la contre-allée

La Ville a vendu
Son dernier voilier
Pour un char- à -bœufs

***

IV

Paris minuit
Paris la Peur
Rue Saint Denis
Paris la chair
Paris Défi
Paris Septembre
Et pavés gris
Paris la sueur
Paris misère et café noir
Paris pain sec
Paris mouillé côté les quais
Paris Mémoire
Paris la Seine aux yeux chagrins
Paris de limbes et de brouillard
Paris Oubli
Paris Souci
Paris prison

Toutes les voiles mènent à toi
La Seine est entrée dans mon lit

***

V

Sur le canal où je m'endors
La Ville rêve près du port
La Ville rêve et puis s'endort
La Ville a retrouvé son port

Reflets d'Eaux lentes près du port
Et je me mire dans la Mort
La Ville a trouvé son décor
Mes cheveux fous flottent à son bord

Dans le Silence de la Mort
La Ville a noyé le Décor
Je m'abandonne à l'Eau du port
Il n'est de Rive que la Mort

***

VI

Un oiseau brise le carreau
Contre la vitre je m'englue
Je me débats, fil à la patte
Un oiseau casse le cerceau

Un oiseau file dans le vent
Contre l'autan je me défends
Je traîne l'aile, plume de sang
Un oiseau fuit dans le soleil

Un oiseau chante dans le ciel
À contre voix je me cramponne
Ma note sombre dans la boue
L'oiseau très haut lance sa trille

Un oiseau brise le carreau
Je me débats, fil à la patte
Je traîne l'aile, plume de sang
Ma voix a sombré dans la boue
L'oiseau a regagné le ciel

***

VII

Paris la mort frappe à ta porte
Paris ton peuple plie sous le joug
Paris les rats de tes égouts
Nous sautent aux yeux et à la gorge

Paris la faim Paris misère
Paris Passion Paris Colère
Paris bon sang réveille-toi
Paris rejoue les hors-la-loi

Paris tu nous mets en déroute
Paris tu nous barres la route
Celle qui mène à Liberté
Celle qui dit Fraternité

Paris Passion Paris Colère
La Bastille est encore à prendre
Tu as bien des choses à apprendre
Paris qui nous voudrais Misère

Paris Passion Paris Nation
Je parie sur la Déraison
Pour nous rendre enfin les couleurs
Rayées si longtemps de nos cœurs

Paris regain Paris chanson
Égalité reste ton nom
En rouge et blanc et bleu aussi
Paris je t'attends à midi

Paris je t'attends à minuit   27/11/96
                    (Grève des camionneurs)

Je suis en grève de Passion
J'en ai assez du mot Raison
Car notre terre est sans pitié
Qui n'exalte l'humain que pour mieux l'écraser

(97)

***

VIII

Sur des panneaux d'acier qui mordent dans les prés
Ils ont écrit partout « Défense de Rêver »
Colchiques et bleuets
Jonquilles et marguerites
Ont vite pris la fuite
Le coquelicot fluet
A déserté les blés
Les saisons ont valsé
Plus d'hiver, plus d'été
Pour la rose trémière, vagabonde avisée
Elle était déjà loin, sa valise à la main
Où quelques grains d'espoir resserviraient peut-être
Si quelque part un jour elle trouvait un terrain
Préservé par les dieux pour de nouveaux matins

Sur les sentiers perdus au cœur des forêts mêmes
Ils ont planté partout leurs panonceaux de haine
Hirondelles et moineaux, passereaux et tourterelles
Se sont donné le « la » pour aller voir ailleurs
Cependant que les arbres laissaient pleurer leurs feuilles
De n'avoir plus de nid à loger en leur sein
Et la gale gagnait l'abord des chemins creux
Où mourait l'églantier dans un soupir d'adieu

Rivières et montagnes, collines et vallées
N'avaient point échappé au diktat enragé
Qui jetait son venin aux quatre coins des vents
Cascades et ruisseaux timides en leurs courants
Allaient nourrir des fleuves aux eaux désenchantées
Et la mer s'engluait d'un goudron noir et lourd
Dégorgeant sur les plages en vagues de nausée
Des algues pourrissantes et des poissons mort-nés

Les déserts bleus d'antan vivaient le même sort
Et le roc et la pierre, le sable couleur d'or
Rougissant de plaisir aux abords de la nuit
Dans l'ombre des palmiers menant aux oasis
Avaient vu à leur tour fleurir des barbelés
Au langage curieux, que les chameaux lassés
Contemplaient d'un œil vide avec perplexité

« Halte », frontière, vos papiers s'il vous plaît
Ici gisent des bombes. Défense de marcher »

Et de bouger sans doute, de se moucher aussi
Se gaussaient bien les mouches qui zigzaguaient autour
Vrombissant de plaisir sur les cadavres mous
Que même les vautours délaissaient écœurés

Préférant regagner d'un coup d'aile puissant
Des cieux déjà plombés par l'humaine folie
L'Aigle né de l'Azur s'envola pour longtemps
Emmenant avec lui pour une autre promesse
Une Ophélie dormeuse enlevée dans les Eaux
Seul Espoir d'enfanter un jour un monde Neuf

***

IX

Dans la Ville Interdite
Sans visage et sans voile
Femme dans la Terreur
Anonyme je vais

La Foule aux cent regards
Me happe et me harcèle
Dans la Ville Interdite
Aux artères de sang

Dans la Ville Interdite
Dont je défie la Loi
Femme dans la Défiance
J'avance dans la Peur

Dans la Ville Interdite
Où la Foule fait Loi
Le Bruit et la Fureur
Ont eu raison de moi

FOULE

De masques façonnée
Et d'Absence alourdie
Foule qui va grinçant
Qui serpente et sinue
Et s'infiltre sournoise

Entre mon corps et moi
Foule comme amère Marée
Qui me jette et me prend
Me lie et me délie
À ta guise, à ton nœud
M'annule et me renie

FOULE
De ton bain où je baigne envers et contre moi
Je t'interroge et te conjure
Et je t'invoque et je te somme
De me dire en un mot
Où te mène ton pas de flâneuse frivole

Je suis la FOULE aux portes de la Ville
La Foule au cœur de la Cité
Je suis la Foule dans l'Eglise
Je suis l'Histoire et le Passé
Je suis d'hier et d'aujourd'hui
Demain ne s'écrit pas sans moi

-Je suis l'Enfer et le Sacré-

Et je suis Mille et je suis Une
Je suis le Monstre aux mille faces
Et de facettes je suis faite
Un humain dort sous chaque Masque
Chaque maillon a son visage

Le traître et le bourreau voisinent avec le Sage
L'enfant porte en son rire le Noir Cri de l'adulte
La Femme que tu croises est peut-être une Infante
Et ce regard de Fou annonce le Poète

Tu me nommes frivole quand je flâne au printemps
Sur les quais de la Seine ou le long des vitrines
Quand le m'alanguis nue aux balcons, aux terrasses
Quand je flirte et musarde et vais mains dans les poches
En sifflotant gaiement un petit air gaillard

-Mais frivole ne suis qu'à mes heures perdues-

Souviens-toi de printemps lourds comme des mitrailles
Où les soleils de Juin éclataient sous les bombes
J'étais là, dans la rue, et je ne riais plus
Et de larmes et de sang je tombais en lambeaux
À même les canons j'avançais l'Âme à nu
Et j'étais un Seul Coeur et j'étais un Seul Cri
Souviens-toi de printemps où pour toute rengaine
Envers et contre tout je chantais LIBERTE

Tu me nommes Marée et Amère je suis
Lorsque je vais
Couleur d'Audace et de Misère
Ayant longtemps peiné aux portes des usines
Piétiné dans la boue et la neige et le froid

Labourant de ma sueur le dur champ de l'hiver
Oui, Amère je suis
Lorsque je vais
Couleur d'Audace et de Misère
Pour jeter à l'Histoire ma fièvre en son défi

FOULE dans ma FUREUR j'ai brisé des empires
J'ai fouetté de ma Houle la porte des palais
J'ai détrôné des Princes
Et fait porter aux Rois la couronne d'Epines

Mais Douce est la Marée, et mouvante et d'Amour
Quand FOULE en ma CANDEUR
Je me fais le parvis d'où monte toute Gloire
Je me trompe souvent car Aveugle je suis
Quand on parle à mon cœur qui n'a pas sa raison
Quand on me dit PASSION je cède à chaque fois
Et bascule l'Humain et recule le Temps
Quand maniée par un fou je me fais sa putain
Confiante, trop confiante en des paroles vaines
Sournoise je deviens, et grinçante il est vrai

Alors,
Tu n'as que trop raison de te défier de moi
Car de ténèbres lourdes je me revêts soudain
Et j'empoigne à deux mains la faux rouge du Meurtre
Semant sur ton chemin un affreux hurlement

-Le Masque est dur alors ; Car la Haine fait Loi-

Mais tel un dieu Janus ou l'Aigle à double face
Sous le Masque de fer veille un Ange qui dort
Attendant patiemment que s'éclipse l'horreur
Pour entonner son Chant Triomphant et Royal...

Et libérée alors FOULE je redeviens
Et mutine et câline et frivole parfois
J'enrubanne les quais et m'accroche aux vitrines
Je tisse aux Amants nus un Voile de Ferveur
Où s'aimer sans défense à l'abri de mon corps

Et telle est mon histoire
FOULE dans ma FOLIE, FOULE dans ma CANDEUR
Je suis aux portes de la Ville
Je suis au cœur de la Cité
Masques de Fer, Masques d'Amour
Dans mes engaines ou ma Fureur
Et je suis Mille et je suis UNE
Et de facettes je suis faite
FOULE
Comme Ultime Marée où l'Humain meurt et naît

**

X

Il y a
La Bêtise sur fond bleu
Au goût de savon crème
Ou façon tricolore
Suivant les occasions
Mollets de randonneur
Sous un air bon enfant
Elle s'en va psalmodiant
Côté Ducon la Joie :
-Moi j'ai du poil aux pattes
Je mange des carottes
Tâtez donc là pour voir
C'est du muscle Monsieur
Ça respecte Maman
N'engrosse que la bonne
Et joue les cœurs vaillants
Passé cinquante berges

Celle un peu plus sournoise
Qui ronronne en sourdine
En tricotant sa maille
De vertu bon marché
Et vous prend au filet
De ses bons sentiments
La Bêtise benoîte
Sous mante de bigote

Qui court au bénitier
En se signant d'horreur
Quand passe à sa portée
Une des Fleurs du Mal
Et jacasse et papote
Et retrouve sa voix
Sa langue torsadée
Son fiel et son venin
Pour vous épingler net
Au poteau des Cagots
Quand votre seul péché
S'appelle Différence

Et la Bêtise Rouge
Que je dis Cardinale
Pontifiant l'air pincé
Sous sa robe de sang
Celle qui du fond des temps
Se fait Gloire et Devoir
De tout Penser pour vous
Ne veut que votre Bien
Vous démontre en trois points
Par la force au besoin
Que le chemin est droit
Vers ce certain bonheur
Qui donne le frisson
Sa voix de faux bourdon
Vous grelotte aux oreilles

Essaime dans l'espace
Contamine tout chant
On susurrai Bonté
Vous pensiez résister
La Crosse et puis la Croix
Se retournent en glaives
Et vous mettent à genoux

Si j'ouvre par hasard ma porte sur le monde
La triste trilogie m'assaille de partout
Hurler avec les loups ne me sied qu'à moitié
Lorsque jusqu'aux brebis bêlent béatement

Quand passe la Bêtise aux couleurs de toujours
Sans demander mon reste je regagne ma Tour
Et qu'elle soit d'Ivoire n'est pas pour me déplaire.

***

XI

Dialogue entre l'homme, pirate épuisé, et la femme fleur :

La femme :

- « Les grands soleils de glace ont brûlé tes paupières
Et ravagé ta barbe ennuagée de blanc,
Homme, me diras-tu ce soir le chant qui te tourmente ? »

L'homme :

- « Immarcescible fleur
Sans reproche et sans peur
Que sais-tu de mon cœur ? »

La femme :

- « Qu'il a fréquenté les falaises
Et cherché dans les fonds où meurent les marins
D'improbables sirènes chevauchant des dragons.
À ta Barbe accrochés,
Quelques dauphins songeurs fréquentaient tes pensées
Cependant qu'un loup blanc au pelage flétri,
Te ramenait sans cesse à l'unique question :
Homme, qu'ai-je donc fait pour mériter ce sort. »

L'Homme :

- « Ô Fleur que rien ne fane,
N'aurais-je donc plus droit à un nouveau printemps,
Et dois-je à tout jamais
Renoncer à l'éveil des timides narcisses
Que suivent les jonquilles jetant leur éclat d'Or
À même un ciel d'Azur ?
Ma quête était donc vaine, et j'aurais tout perdu ? »

La femme :

- « Homme dans ta folie quel était donc ton but
Et que recherchais-tu ?
Car ce printemps n'est pas d'Azur
Où la rouille des chars se mêle sans savoir
Au flanc noir des blessés
D'où jaillit dans la nuit un sang ocre et laiteux
Âcre crème de guerre
Pour les lèvres avides de soldats enivrés

Et dans l'enfer serein d'un Avril capiteux
Les chairs, flasques au soleil, allaient se répandant,
Qui de l'aïeul ou de l'enfant
Nourrirait cette terre qui les avait vu naître.

Elle fleurait bon l'Ukraine et ses champs de blé d'or
Etait-ce un champ de blé ou un chant d'enfants morts ?

- Et toi soldat impie imbu de ton pouvoir,
Qui par le diacre même te fut confié un soir,
Tu fouailles les entrailles de ces fières cités
Qui longtemps abritèrent de secrètes icônes
Que tu vas profanant, ce faisant, te damnant ?

- Qu'as-tu fait de ton frère se lamentaient les Anges ?

- « Mon frère est l'ennemi qu'a désigné l'Empereur,
Car Juif il est désormais et il suinte le suif
Et nous le combattrons jusque dans les Enfers,
Pour s'être voulu libre et fier, égal au souverain
Qui règne sur nos vies et sur notre destin. »

- Ainsi parlait un peuple esclave de son roi
Qui des Lunes durant s'acharna sur Abel
Les plaies étaient béantes et les corps dévastés
Mais l'âme était d'airain et le cœur battait fort
Chez cet enfant David confronté à Goliath

Telle l'hydre aux mille têtes que l'on cite en tremblant
Mille fois il mourut pour mieux renaître encore.

L'Ukraine était perdue et nous étions damnés.

***

En hommage au peuple ukrainien.

XII

Je sais des Haines plus féroces
Que celles
De l'enfant pour sa mère
Et du bourreau pour sa victime
Des guerres sans relâche
Et plus vaines et plus viles
Que celles
Du frère contre le frère

Je sais la Haine sans Passion
Sans Amour et ans Déraison
La Haine au masque de velours

Regard distrait et face grêle
Elle s'ennuie à perdre l'âme
Baille au détour de la balance
Et se redresse au mot Fléau
Et nous remet à la faucille
Quand elle oublie le mot marteau

Je sais des Haines en souffrance
Qui dépérissent et se morfondent
À fréquenter des corridors
Où le sang est toujours le même

Qu'elle soit d'ici ou bien d'ailleurs
Je sais la Haine sans plaisir
Plus implacable qu'un tourment
Bien plus têtue que n'est l'enfant
Qui mord au ventre de sa mère
Et pour trois sous vendrait son frère

Je sais la Haine couleur d'encre
Qui s'ennoblit de ses volutes
Et se repaît de ses paraphes
Avant d'aller laver ses mains
À l'Eau discrète de l'Histoire

La Haine
Au dos de bureaucrate

***

XIII

Les cartes étaient tirées
Et les jeux étaient faits
Les dés bien sûr étaient pipés
Et l'on se bousculait sur la route du blé
Chacun tirant pari de la pauvre graminée

On aurait pu rêver
Des idées tout à coup se mettaient à germer...
Mais il n'en était rien
L'esprit restait petit et parlait de moulins
Et chacun y allait de sa petite meule
De son petit vérin
Ou de son mégalithe pour broyer son voisin
À l'horizon du Blé on oubliait le Pain
Ignorant l'or des gerbes en leur foisonnement
On parlait Pierre et Terre Eau et Vent
Mais de Levain, Point
Dans l'euphorie douceâtre de projets bien huilés
Tous concertés d'avance, d'avance bien ficelés,
Avec Monsieur le Maire, Monsieur le Sénateur, les adjoints, les élus
On faisait bien semblant de jouer les démocrates pour les hurluberlus
Ceux qui voient des étoiles au beau milieu des flaques

Et croient encore -les pauvres- qu'ils ont droit au chapitre
Quand on ne leur réserve que quelques bonnes claques
Que l'on consignera dans de précieux registres

Et telle était donc cette Route du Blé
Dans cette Beauce plate et profonde parfois
Où des silos sans fin remplaçaient les beffrois
Cathédrales muettes jouant les tours de guet

***

XIV

Que voulez-vous que je fasse
Si mon frère mon ami
Tout au bout de cette impasse
Agonise sans un cri
L'assassin était en face
Je l'ai bien vu dans la nuit
Que voulez-vous que j'y fasse
Y a l'État pour ça
Car l'État est Roi

La Force qu'on dit publique
Est payée pour ces cas-là
Pour l'assassin y a le juge
L'ambulance pour mon frère
Et si les choses se gâtent
Un gibet pour le tueur
La morgue pour mon ami
Ceci n'est point mon affaire
L'État règle ces cas-là
Car l'État est Roi

Le curieux dans cette affaire
C'est les journaux devant moi
L'assassin s'est fait la malle
Le juge a fait sa valise

Quant à mon ami mon frère
Personne n'en a voulu
La Seine est très bonne mère
On lui confie ces gens-là
Y a vraiment plus rien à faire
L'État était là, les journaux sont là
La télé viendra

C'est bizarre cette histoire
L'école qu'on dit primaire
M'a pourtant appris cent fois
Que l'État c'était moi, que l'État c'était toi
Je t'assure, tu m'assures
Je prends vraiment soin de toi
Les impôts c'est fait pour ça

Qui peut dire le contraire
On m'a emprunté de force
De quoi bien te protéger
Te construire un bel asile
Te donner carton vermeil
Au cinéma du quartier
Et si besoin en était
Te forger des barreaux d'or
Pour une prison modèle

Y a vraiment rien à redire
L'État c'est vraiment pour toi
L'État c'est bien toi et moi

Que voudras-tu que je fasse
Toi mon frère mon ami
Quand au bout de cette impasse
Tu te mourras sans un cri
L'assassin sera en face
Moi peut-être dans la nuit
Que voudra-tu que l'on fasse
Y a l'État pour ça
L'État c'était toi
L'État c'était moi

Je n'ai vraiment rien compris
Tu n'as pas très bien saisi
Que voulez-vous qu'on y fasse
Vous mes frères mes amis
Nous voilà dans une impasse
Y avait l'État pour tout faire
L'État n'est pas là

Mais l'État...c'est qui ?

***

XV

Ce n'était pas le cordonnier
Ni même encore le vitrier
Encore moins le serrurier
Ce n'était même pas le boucher

Bien sûr c'était pas le curé
Qui d'autre donc qu'un étranger
Ceux qu'on appelle les basanés
Faute d'un mot approprié

Car ces gens-là tout le monde le sait
Ça vient d'ailleurs pas d'à côté
C'est forcément des gougnafiers
Des hors-la-loi des je ne sais quoi

Ce qu'il faut faire dans ces cas-là
C'est d'lancer les chiens sur leurs pas
Ça vous occupe la journée
Et on en cause à la veillée

Le village est bien décidé
On s'est très vite organisé
On a tué le grand bronzé
Mais le mystère demeure entier

Dans les buissons on a trouvé
Une poupée déshabillée

Aurélie l'a abandonnée
La poupée garde son secret

On avait pourtant tout pesé
Tout bien pensé tout calculé
Mais que deviennent les poupées
Qu'on trouve gisant dans les prés

Les Aurélies les Amélies
Et toutes les autres brebis
Ne courent plus dans la prairie
On les a volées dans leur lit

Où peuvent-elles donc se cacher
Peine perdue pour les trouver
Parfois une robe écorchée
Traîne tout au fond d'un fossé

Il va falloir s'interroger
C'est embêtant c'est compliqué
Mais du curé jusqu'au boucher
Il faudra bien tout questionner

Mon dieu mon dieu qu'un étranger
Revienne donc ici rôder
Ça serait tellement simple à régler
Et tout pourrait recommencer

Ya pas à dire les étrangers
Ça peut parfois plutôt aider
Il faut seulement savoir comment
S'y prendre avant s'y prendre après

C'est une histoire bête à pleurer
Mais c'est pourtant la vérité
Mieux vaut avoir l'air d'un navet
Qu'avoir une gueule d'étranger

Car c'est jamais le cordonnier
Le vitrier le serrurier
Encore moins Monsieur le curé
C'est toujours un sale étranger

***

XVI

On brûle, on assassine
Et je reste de marbre
Sous moi la ville écoute
Dans la terreur et la violence
La ville écoute dans la peur
Le viol se meut dans le silence
J'écoute aux portes et n'ose entrer
Violeurs, allez frapper plus loin

Des hommes s'agitent par milliers
Des enfants meurent sans rien comprendre
Des femmes succombent l'œil étonné
Le monde s'écroule quelque part
Un oiseau vole sans raison
La Seine est grise ce matin
De glace et d'eau je me défends
Horreurs, allez frapper plus loin

Des feuilles tombent par mégarde
La neige s'empourpre pour nulle cause
Des drapeaux claquent vainement
Un obus traîne lâchement
Un enfant rit et c'est Demain
Il est midi dans un jardin
Tu es au bout de mon chemin
Amour... venez frapper plus près

***

XVII

Dans des mouroirs très blancs aux murs nus et glissants
Où s'effritent mes ongles, où s'écaille ma voix
Paupières fanées d'Ombre sur la Démence prête
Je suis,
Vieillesse dans les Villes
Quart monde des cités
La Lèpre que l'on cache et que l'on désavoue
Celle que l'on muselle
Et Celle qu'on enferme

Miroir, trop fidèle miroir d'un futur à frémir
Le Fleuve du Présent m'annule et me renie
Et me creuse une tombe avant l'heure venue

Pourtant,
Vieillesse ma Douleur,
Vieillesse mon Servage, mon Etoile et ma Croix
Le Fleuve en moi qui coule n'est point Fleuve d'Oubli
Car de Mémoire je suis faite
Et de Matière et de Regard
Et la main que je tends n'est point main qui quémande
Mais Celle qui proteste, mais Celle qui accuse
Qui parle à pleine rides de tous ses doigts tendus
Du Secret de Vieillir Ailleurs et Autrement

Car dans d'autres contrées
Car sous d'autres climats
Je suis
Vieillesse d'Autrefois
La Voûte et le Pilier
Et l'Arche, et puis l'Alliance.

Sagesse des villages
Grand Arbre du Savoir
Lorsque j'échappe à vos mouroirs
Mon tronc nourri de sève s'élève vaillamment
Chaque feuille à mon faîte chante l'orgueil des Ans
Je suis alors l'Aïeul, l'Ancêtre et la Pythie
Celui qui rend Justice et Celle qui guérit
Vieillesse qui console, Vieillesse qui pardonne
Noblesse des Racines, je veille sur la Vie
Je protège l'enfant, je conseille le père
Je tisse un pont d'Amour entre hier et demain
Je suis le Livre ouvert où se conte à mi-voix
La Fable et l'Epopée, ces quotidiens d'Antan
Et l'on vient de très loin pour me porter Hommage
Le guerrier devant moi laisse tomber ses armes
L'insolent s'adoucit et me baise les pieds
L'orphelin dans mes bras vient bercer son chagrin
Mon Ombre séculaire rayonne sur chacun
De la tribu entière je suis l'Ame et le Guide

Et je vois Loin, très Loin, car de très loin je viens
Sereine m'en allant vers le Seuil où m'attendent
Tous ceux de notre Race, tous ceux de notre Clan
Dont le doigt a déjà effleuré mon visage

Arbre je grandirai au-delà de la Mort
Et prendrai mon Envol au plus haut de la Cime
Et reviendrai parfois, et reviendrai souvent
Mêler ma Voix d'Ailleurs à celle des vivants

L'enfant encore à naître épousera mon Âme
Et se fera Sorcière et se fera Devin
La Sagesse viendra d'un enfant de trois ans
Ardent tel un Buisson, portant en son regard
La Flamme Sombre et Pure où Mort et Vie se mêlent

Vieillesse ma Fierté
Je transcende le Temps
Et Terre je deviens
Et Première et Fertile
Source dans l'Éternel du Chant et du Poème
Vieillesse mon Honneur
Je donne mon Vécu à la Vie à Venir

***

A ma Grand-Mère
Terre Première et Fertile
Source du Chant
Et du Poème....

XVIII

Tant de Christs arrêtés aux croisées des chemins
Aux quatre coins du monde tant de croix érigées
Tant de chagrin à lire l'indicible Douleur
Tant de passion à dire l'invincible Douceur

Les veines de l'Histoire charrient les sangs mêlés
De ceux qui croient aux armes
De ceux qui n'y croient pas
À chaque instant surgit un choix
Et chaque croix est un défi
Quand résonnent les bottes
Quand crachent les canons
Toute parole est un combat
Et tout silence est Trahison

Ceux qui « Je n'y peux rien »
Et qui baissent les bras
Ceux qui : » Ce n'est pas mon histoire »
Et détournent les yeux
Ceux qui : « Nous sommes les plus forts
Et je suis dans mon droit »
Le faible, le lâche et le petit soldat
Nous refont une histoire dont nous ne voulons pas

Pour le prophète assassiné
Pour le sage qui passe et que l'on n'entend pas
Pour l'enfant immobile qui ne grandira pas

Pour tous les Christs écartelés
Que mon chant soit l'écho de leur Voix empêchée
Et aille s'amplifiant jusqu'à l'Eternité

***

A Lech Walesa,
Prix Nobel de la Paix 1983

XIX

Marianne a l'air bien fatiguée
Elle a des cernes sous les yeux
Elle aimerait m'a-t-elle confié
Qu'on lui refasse une beauté

Car après tout c'est en son nom
Que les petites sœurs sont maltraitées
Et elle en a plein les tétons
De les voir ainsi tripotées

Aller plus loin serait risqué
Y en a ras-le-bol dans la cité
Le mot Nation fait rigoler
Même les mieux intentionnés

Il serait temps de repenser
Egalité, Fraternité
Reprendre en main la Liberté
La mascarade a trop duré

On verra bien, on verra bien
Car il ne faut quand même pas pousser
Ce qui se passera sur le chemin
Quand on se tiendra tous par la main

**Pour protéger des temps frileux
Égalité Fraternité
Et arracher le masque hideux
Collé sur Mère Liberté**

***

XX

Liberté, Liberté
Que ferons-nous Liberté
Contre ceux qui t'ont prise en otage
Ils t'ont traînée dans la boue
Ils t'ont saignée sous leurs coups
Toi Liberté notre seul Héritage
Ils n'ont même pas hésité
À te poudrer te farder
Pour te livrer à nous défigurée
Nous recherchions ton visage
Nous chuchotions ton message
Mais ils t'avaient bien masquée Liberté

Va-t-on faire naufrage
Liberté
Jouer les enfants sages
Liberté
Liberté, Liberté
Où es-tu Liberté
Qui leur laisse partout le passage
Nous t'avions tant espérée
Nous t'avions tant célébrée
Mais qu'avons-nous fait Liberté pour te protéger

Il est grand temps à présent
Liberté
De nous ouvrir au vent
Liberté
Nous tes fidèles alliés
Nous allons nous réveiller
Avec fureur s'il le faut
Avec l'ardeur d'un sang chaud
Pour t'arracher de leurs mains
Liberté

Car tu nous appartiens
Liberté
Toi notre sœur tant aimée
À bout de bras nous saurons te porter
Le souffle au cœur nous saurons te chanter
Liberté, Liberté
Notre Eternelle Fiancée

Fraternité où es-tu donc
Faudrait sortir de ta prison
Que dis-tu là
On t'a violée
Sur le parvis de l'Elysée

On verra bien on verra bien
Ce qui se passera sur le chemin
De la Liberté très offusquée
Cette grande dame bien trop bafouée
L'Egalité la suit de près
Elle, elle en a vraiment assez
D'être toujours la Délaissée
Dans le concert de l'Humanité

Ces trois petites sœurs en ont assez
Qu'on les prenne pour des demeurées
Mieux vaut savoir les écouter
Car Elles pourraient bien se fâcher

***

XXI

C'était les temps de l'équinoxe
Un temps à en perdre le Nord
Un temps à faire hurler la Mort
C'était les temps de l'équinoxe
Et les corbeaux nous revenaient
Frôlant tourelles et masures
De leur aile au parfum de Deuil
Et la ville s'enfrissonnait

C'était les temps de l'équinoxe
Et les corbeaux nous revenaient
C'étaient grands vents de par la Ville
Et la Ville se souvenait

Et les corbeaux nous ramenaient
De Montségurs en Massadas
Le chant perdu des villes amères
Le chant des villes en prière
Et la Ville se réveillait
Sous la poussée des vents d'Ailleurs
La Ville soudain frémissait
Se rappelant le mot Colère
Le chant des villes de Misère
Vivant le glaive vivant le fer
Pour se lever plus fières encore
Qui contre Rome ou Montfaucon

La loi du Prince était d'airain
« Que l'on me cède ou j'interviens
Il n'est colline ou bien rempart
Où je ne prenne un jour assise
Si tel est notre bon plaisir »
Ainsi parlait le Prince
Qu'il fût de Rome ou d'outre mont

Et nos villes saignèrent
De Montségurs en Massadas
Un grand Cri d'homme libre voila la voix du Prince
Béziers tombait, d'autres encore
Gamla aussi qu'on enterra
Nos villes pourtant chantaient
Le chant des villes en colère
Qui ébranla plus d'un royaume
Fit rendre l'âme à bien des princes
Nos villes prirent sabre, glaive ou épée
Et entonnant leur Chant final
Firent plier la loi d'airain

***

XXII

C'est toujours la même histoire
Les mêmes déboires
Le même refrain

Le monde est là
Qui tremble sur ses dunes
Qui se voulaient de bronze
Qui se voulaient de fer
Le monde est là
Qui cède sous nos pas
Et ils y croient encore
Tous ces corbeaux en rut
Endeuillant nos cerveaux

Poulpe goulue du Possesseur
Pieuvre visqueuse de l'Acquéreur
Faces d'humains masquant la Bête
Conjuguant jusqu'à la nausée
Les tristes temps du verbe Avoir
Qu'on s'imagine illimité
Quand on en fait son devenir

Quelque part dans le monde le Petit Prince a peur

Et la Pensée est là qui veille dans la Nuit
Grignotant sourdement de son labeur de taupe
Ces temples du Néant habités par de Rien
Où s'agitent en vain les princes du futile
Galériens du Pouvoir
Obsédés de Présent
Qui comptent les étoiles pour mieux les mettre en boîte

Quelque part dans le monde s'émeut un Petit Prince

C'est la fin de leur Histoire
De nos déboires
De leur refrain

Presqu'île mouvante de mouvante de Lumière
L'Esprit s'avance
Du fond des terres en péril
L'Esprit s'avance vers les Eaux
Et prend naissance au fond des Mers
L'Esprit soudain se fait Geyser
L'Esprit devient rayon laser

Ce n'est plus la même histoire
Les mêmes déboires
Le même refrain
Architectes de l'Inutile

Nous ventousant voracement
Le temps de l'Être est à venir
Qui de sa lame fine et pure
Tranchera sans effort
Les colonnes d'argile
Que vous avez forgées de vos mains passagères

Et quand viendra le temps des très Hautes Marées
Nous n'aurons plus pour unique Mémoire
Que les fleuves en aval des siècles à venir
Pour seule Histoire
La Mer
Et les montagnes pour Passé

***

TABLE DES MATIÈRES

- I : Je suis la Ville
- II : Paris mon cœur est en pension
- III : Des oiseaux de sang
- IV : Paris minuit
- V : Sur le canal
- VI : Un oiseau brise le carreau
- VII : Paris la mort frappe à ta porte
- VIII : Sur des panneaux d'acier
- IX : Foule
- X : La Bêtise
- XI : Immarcescible Fleur
- XII : Je sais des Haines
- XIII : Route du Blé
- XIV : Que voulez-vous que je fasse
- XV : Ce n'était pas le cordonnier
- XVI : On brûle
- XVII : Vieillesse
- XVIII : Tant de Christs
- XIX : Marianne a l'air bien fatiguée
- XX : Liberté
- XXI : C'était le temps de l'équinoxe
- XXII : C'est toujours la même histoire.

1981 - 2022